*Idee, Text und Grafik: Rolf Dietz, Rudolf Dietz*
*Satz und Layout: Andreas Dietz Bastel-Verlag, Eberbach*

*1987 Printed in Germany*

ISBN-Nr. 3-934059-02-3

## *INHALTSVERZEICHNIS*

*VORWORT*

*Die Bastelanleitung "Strohsterne wie Schneekristalle" hat seit ihrem Erscheinen viele Freunde gefunden. Die dort beschriebenen Kronenformen bieten schon vielfältige Möglichkeiten zum Strohsternbasteln und Anfänger sollten zunächst mit diesen Legeformen arbeiten, um die Lege- und Wickeltechnik zu erlernen und zu üben.*
*Nun haben viele unserer Bastelfreunde den Wunsch nach einer größeren Legeform mit höheren Staken geäußert, in der auch mehrfach gewickelte und Sterne mit größerem Durchmesser hergestellt werden können.*
*Damit nun den Fortgeschrittenen ein Optimum von Möglichkeiten in Größen und Variationen geboten werden kann, ist die neue U n i v e r s a l –L e g e f o r m entstanden. In ihr können auch ganze Halme und Langstroh, ebenso wie dünne Binsen oder Waldgras verwendet werden.*
*Wie mit Hilfe der kleinen Legeformen können Sie auch in der Universalform einfache und mehrfach gelegte Sterne herstellen. Neu ist, daß man auch mehrfach gewickelte Sterne darin legen und wickeln kann.*
*Außerdem kann man fast jeden Stern aus den kleinen Kronenformen in die Universalform einlegen und somit erweitern.*
*Aus diesen Möglichkeiten heraus ist auch die Gliederung dieses Anleitungsheftes entstanden:*
*In Kapitel 2 finden Sie die Beschreibung der Sterne, die man allein in dieser neuen Form machen kann; Kapitel 3 zeigt auf, wie die Universalform optimal als Aufbauform für Sterne aus den kleinen Kronenformen genutzt werden kann.*

*Es ist schwierig, zu sagen, welche Sterne am einfachsten herzustellen sind. Generell gilt, daß die mehrfach gewickelten Sterne den höchsten Schwierigkeitsgrad aufweisen. Wenn Sie sich also langsam an die neue Legeform herantasten wollen, sollten Sie zunächst die einfachen und mehrfach gelegten Sterne aus Kapitel 2 vornehmen. Aber auch geübte Bastler, die die Wickel- und Legetechnik schon perfekt beherrschen, finden sicherlich noch viele wertvolle Anregungen und Hinweise beim Durchblättern des Heftes.*

*Im übrigen versucht das Anleitungsheft, systematisch alle Möglichkeiten der neuen Legeform aufzuzeigen. Zu jedem Kapitel bringt es die Beschreibung eines Grundmusters, das dann von Ihnen beliebig variiert werden kann.*
*Fotos von Varianten finden Sie mit einer Kurzbeschreibung als Anregung in den jeweiligen Kapiteln.*

*Sicherlich werden viele von Ihnen noch weitere Anwendungsmöglichkeiten für die neue Form entdecken oder die eine oder andere Lege- oder Wickeltechnik entwickeln. Auch uns ist beim Arbeiten immer wieder etwas Neues eingefallen. Über Anregungen Ihrerseits würden wir uns freuen.*

*Zur Beschäftigung mit der Universallegeform und mit diesem Anleitungsbüchlein wünschen wir Ihnen viel Freude und Erfolg.*

## *1. HINWEISE ZUM ARBEITEN*

*Die im ersten Anleitungsheft angeführten Tips gelten natürlich auch für die neue Legeform. Sie sollen hier nicht wiederholt werden. Im folgenden finden Sie einige neue Anregungen.*

### *1.1. Beschreibung der neuen Legeform*

*Wenn Sie die neue Legeform betrachten, erkennen Sie, daß sie 24 Staken besitzt, bzw. 24 Zwischenräume zwischen den Staken.*

*Sie hat 12 Einbuchtungen und 12 Zungen.*

*Die 12 Einbuchtungen zur Mitte hin sind eine Hilfe zur Orientierung beim Einlegen der Strohhalme, da sie die 12er Einteilung verdeutlichen.*
*Außerdem werden sie gebraucht, um bei bestimmten Sternformen wickeln zu können.*

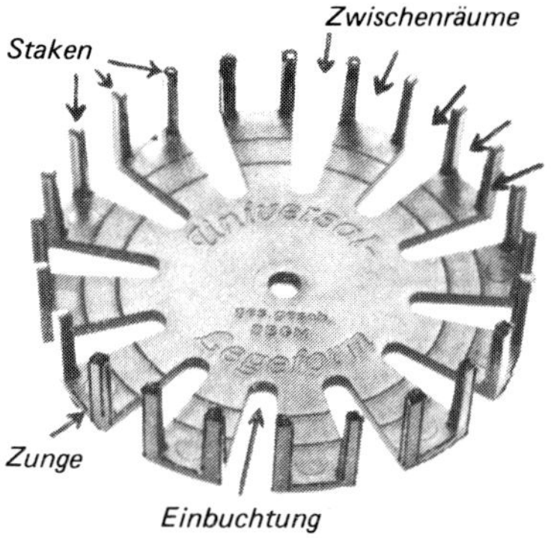


*Wenn man also 24 Seitenhalme und 12 Kreuzhalme in jeden Zwischenraum legt, erhält man 24er Sterne (vgl. Kap. 2.1. und 3.).*

*Wenn man nur jeden 2. Zwischenraum nutzt, also nur Halme z.B. auf die Zungen legt, erhält man 12 er Sterne; wie früher aus den kleineren Kronenformen, die ja nur 12 Zwischenräume haben (vgl. Kap. 2.2. und 3.).*

*Wenn nur jeder 3 Zwischenraum genutzt wird, erhält man 8 er Sterne mit 4 Kreuzhalmen (vgl. Kap.2.3.).*

### *1. 2. Wickeltechnik mit einer Sticknadel*

*Da bei mehrfach gelegten Sternen, oder bei Legearten, bei denen sich die Seitenhalme mehrfach kreuzen, recht schwierig zu wickeln ist, kann man sich diese Arbeit erleichtern, indem man eine Sticknadel zu Hilfe nimmt.*
*Selbstverständlich kann diese Wickeltechnik auch bei den kleinen Kronenformen angewendet werden.*
*Zunächst wird der Stern wie gewünscht gelegt, der Klemmring eingedrückt, die Legeform umgedreht und der 1. Knoten an irgendeiner Kreuzung angebracht. Nicht vergessen: 2 mal durchgehen, damit der Knoten gleich fest wird.*
*Nun wird die Legeform wieder umgedreht und über die Tischkante herausragend auf den Tisch gelegt.*

*Der Faden wird ca. 50 cm lang abgeschnitten und am Nadelöhr festgeknotet.*

*Wickeltechnik mit einer Sticknadel (Forts.)*

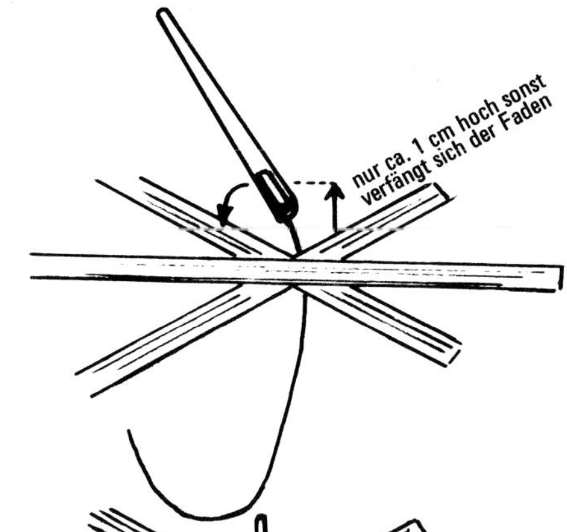


*Die Nadel wird nun am nächsten Wickelpunkt von unten hochgeführt und auf der anderen Seite hinunterfallen gelassen.*
*Tip: Die Nadelspitze soll, wie in der Zeichnung zu sehen, immer nach oben zeigen; außerdem soll man den Faden nur ca. 1 cm hochziehen, weil er sich sonst in den Staken der Legeform verfängt.*

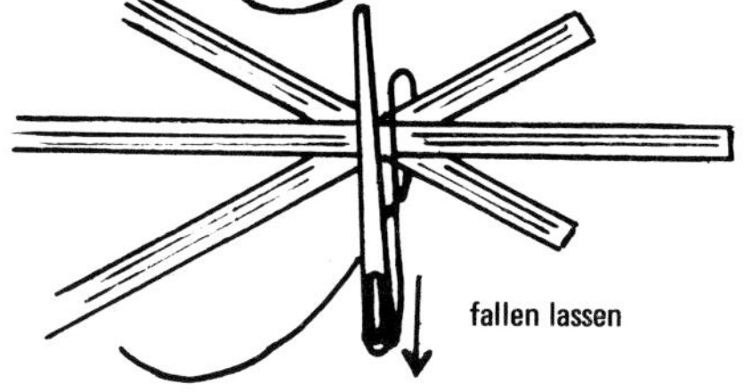


*Nun führen Sie die Nadel ein zweites Mal nach oben und lassen sie wieder auf der anderen Seite nach unten fallen. Diesmal aber hinter dem Wickelfaden durch, d.h. zwischen Legeform und Wickelfaden damit die Wickelung fest wird.*
*Jetzt kann man die Halme mittig zwischen den Staken ausrichten und den Faden leicht rüttelnd festziehen.*

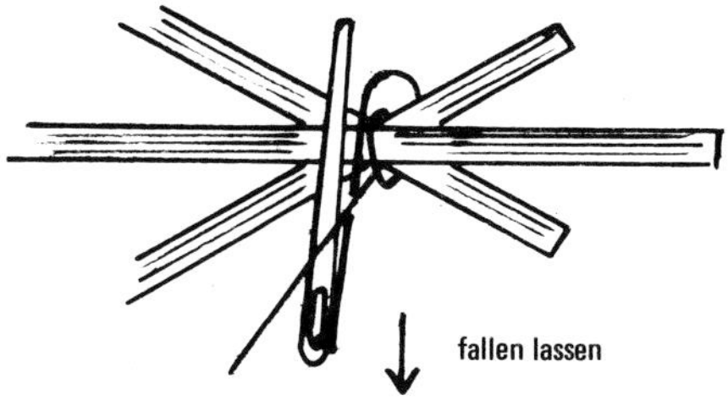


*Sicherheitshalber wird der Vorgang ein drittes Mal wiederholt, bevor man zur nächsten Kreuzung weiter geht.*

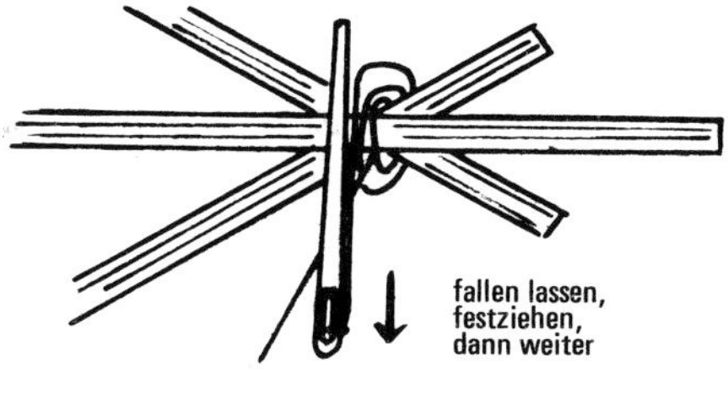


ODER

*Alternativ: Beim 3. Wickelgang wie gewohnt unter dem Kreuzhalm hindurchgehen,*
*Auch dies geht mit der Nadel sehr einfach, wenn Sie den Faden nicht zu weit nach oben hinausziehen.*

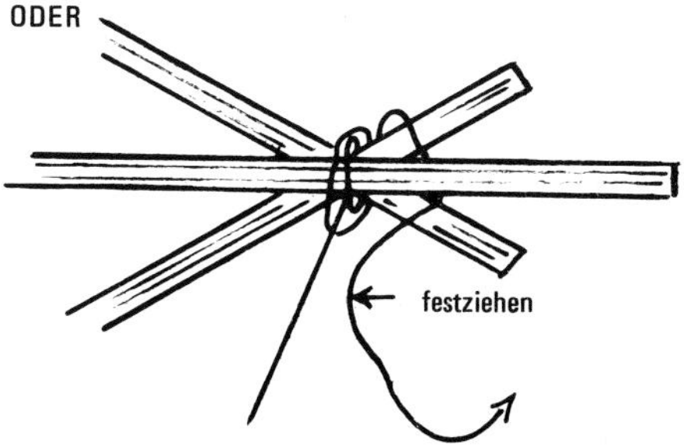

## *1.3. Wickeltechnik mit Einzelknoten*

*Wenn bei mehrfach gewickelten Sternen weit außen gewickelt werden muß, kann dies auch mit Einzelknoten geschehen, da der Stern ja schon genügend Halt besitzt. Der umlaufende Faden hat zwar auch eine dekorative Funktion, aber manchmal kann man auch hierauf verzichten.*
*Nicht vergessen: Einzelknoten wie den 1. Knoten bilden, d.h. 2 mal durchgehen, damit er sofort fest wird.*

## *1.4. Tips zum Einlegen des Strohs*

*Normalerweise liegt die jeweilige Legeform auf dem Tisch, wenn die Halmteile eingelegt werden. Bei sehr langen Halmen (22 cm) bekommt man allerdings manchmal Probleme, weil die Halme gebogen sind und somit außerhalb der Legeform auf dem Tisch aufliegen und evtl. sogar seitlich umkippen. Das ist ärgerlich, weil man ja die glänzende Seite oben haben will.*
*Hier kann man sich behelfen, indem man die Legeform höher lagert; denn man kann eine oder beide anderen Legeformen als Sockel benutzen. Wenn man einen Klemmring dazwischen legt, wird das Ganze recht stabil.*
*Wenn man ein Röllchen aus Papier durch die Mittellöcher steckt, läßt sich die obere Form leicht drehen (ohne Klemmring).*
*Auch paßt die größere Kronenform mit ihren Erhöhungen von unten in die Einbuchtungen der Universalform.*
*Probieren Sie aus, wie es Ihnen am leichtesten fällt !*

*Nicht vergessen: Beim Einlegen immer den zuletzt gelegten Halm niederdrücken !*

## *1.5. Tips zum Spalten des Strohs*

*Wenn Sie, wie bei einfachen Sternen, relativ wenige Halme einlegen, sollten Sie nur breite Halmteile verwenden, d.h. nur dicke Halme mit dem Strohspalter spalten. Oder Sie verwenden dünne ganze Halme, die Sie von der Mitte her plattdrücken.*
*Solche plattgedrückten Halme lassen sich auch gut 1 mal spalten, indem man sie durch eine Schneide des Strohspalters zieht.*

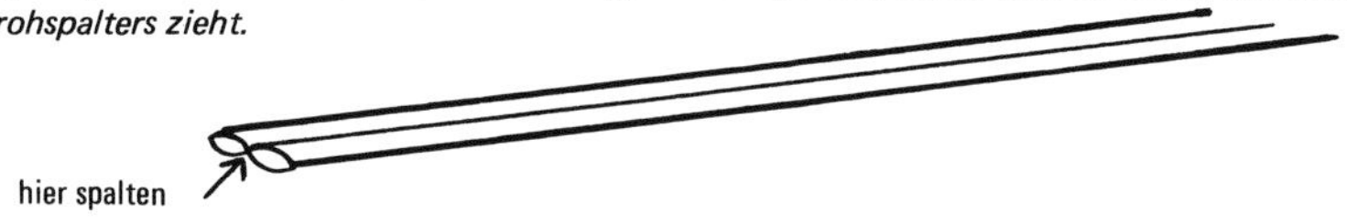


*So erhält man breite, stabile Halmteile, die sich gut als Kreuzhalme größerer Sterne eignen. Im Anleitungsheft wird an entsprechender Stelle hierauf hingewiesen.*

*Spalten Sie doch gleich mehrere Halme und sortieren diese anschließend nach Breiten.*

*Achten Sie beim Kauf auf gute Qualität, d.h. dicke, unbeschädigte Halme verlangen. Zu dünne Halme verarbeiten Sie plattgedrückt in der Universalform zu "Rustikalsternen".*
*Evtl. kann man dünne Halme auch in 4, 3 oder 2 Teile spalten.*

## 2. Sterne aus der Universal - Legeform

*In diesem Kapitel werden nun die Sterne beschrieben, die Sie in der neuen Legeform herstellen können. D.h. ohne die kleinen Kronenformen.*
*Da diese Legeform 24 Zwischenräume hat, entstehen bei Belegung jedes Zwischenraumes sog. 24 er Sterne.*

### 2.1. Sterne im 24 er System

#### 2.1.1. Einfacher 24 er Stern

*Richten Sie 24 Halme von 12 cm Länge; sie sollen in gleichmäßiger Reihenfolge in die Zwischenräume eingelegt werden.*

*Für den ersten Versuch empfehlen wir, die 24 Seitenhalme über 7 freie Zwischenräume zu legen, weil dann noch relativ einfach gewickelt werden kann. Beachten Sie aus diesem Grund auch die angegebene Länge der Halmteile.*
*Verwenden Sie mittelbreite, gespaltete Halme.*

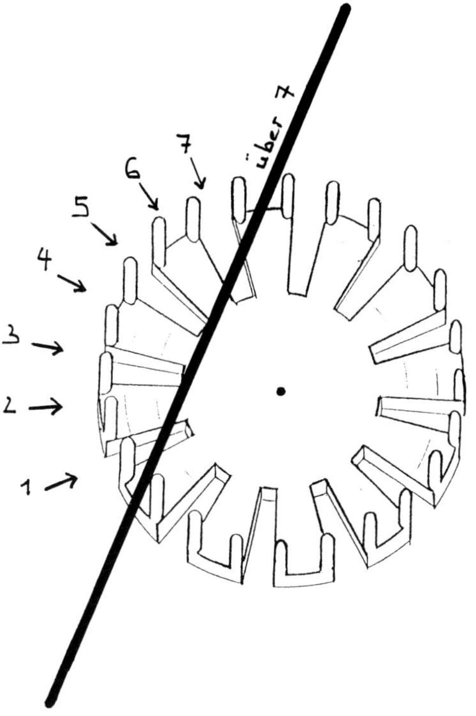


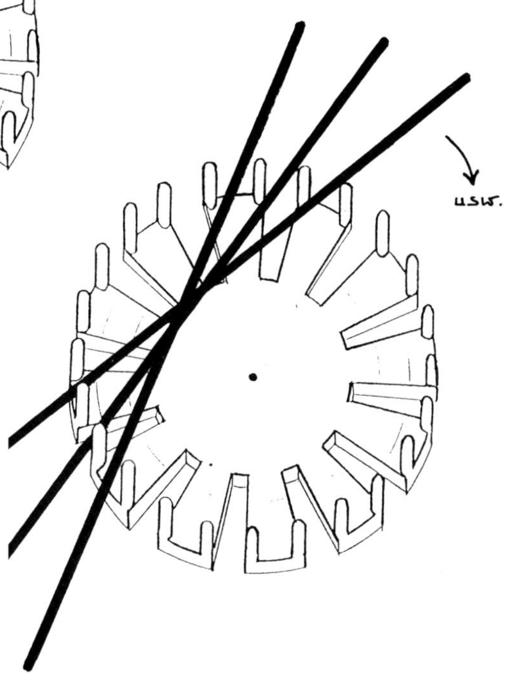


*Legen Sie die 24 Halme im Uhrzeigersinn nacheinander in die Form, wie wir es in den Zeichnungen angedeutet haben bis in jedem Zwischenraum 2 Halme liegen.*
*Achtung: Während des Einlegens nicht auf 7 oder 8 oder andere Zwischenraum zahlen übergehen ! Wenn dies versehentlich geschieht, müssen Sie dies sofort korrigieren.*

*Wenn Sie die 24 Seitenhalme richtig eingelegt haben, können Sie nun 12 Kreuzhalme der Länge 15 cm darauflegen. Verwenden Sie breite, gespaltete Halme oder ganze, plattgedrückte Halme, die allerdings möglichst dünn sein sollten.*
*Diese werden nun sorgfältig über das Mittelloch in die Form auf die Seitenhalme gelegt. Hier können die Einbuchtungen eine Orientierungshilfe sein: Man legt z.B. falsch, wenn ein Kreuzhalm auf der einen Seite über einer Einbuchtung liegt und auf der anderen Seite auf der Zunge.*
*Nach dem Einlegen der Kreuzhalme liegen nun in jedem Zwischenraum 3 Strohhalme; der Gummiring wird eingedrückt, und es kann gewickelt werden, wie es von der Beschreibung aus dem ersten Heft bekannt ist: 1. Knoten = Doppelknoten; dann jede Halmkreuzung 2 Mal umschlingen und dann unter dem Kreuzhalm durchziehen und festziehen.*
*Wichtig: Die Halme müssen beim Wickeln mittig ausgerichtet werden; außerdem muß man die Kreuz- und Seitenhalme vor dem Herausnehmen so ausrichten, daß sie gleich lang sind. Versucht man dies nach dem Herausnehmen des Sterns, kann dieser sich leicht verziehen.*

Foto 1: Einfach gelegter 24 er Stern.

*2.1.2 Mehrfach gelegte 24 er Sterne*

*Natürlich können Sie auch mehrfach gelegte 24 er Sterne herstellen, d.h. nicht nur 24 Seitenhalme sondern 2 oder 3 mal 24 Halme einlegen, z.B. über 3, über 4, über 5 bis über 9 Zwischenräume.*

*Bitte beachten Sie dabei folgende Prinzipien:*
*Wenn Sie über 9 freie Zwischenräume legen erhalten Sie außen sehr spitze Winkel.*
*In der Mitte wird der Stern recht dicht.*

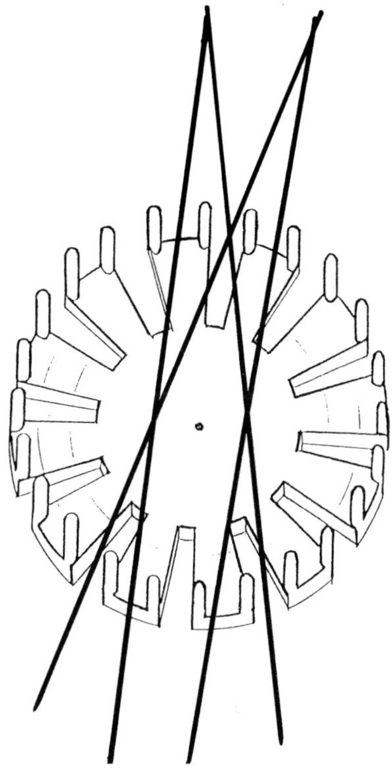

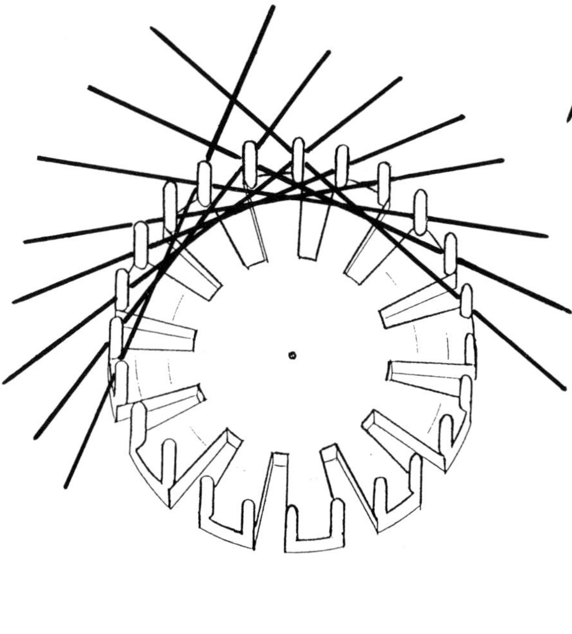

*Wenn Sie z.B. über 3 freie Zwischenräume legen, erhalten Sie außen weniger spitze Winkel.*
*Die Sternmitte wirkt leer; das Wickeln ist schwieriger, aber die Möglichkeiten der Sterngestaltung sind größer.*

*Fazit: Kombinieren Sie die Legearten !*

*Als Beispiel für einen mehrfach gelegten 24 er Stern sehen Sie unten einen doppelt gelegten Stern.*

*Zunächst werden 24 Seitenhalme (15 cm) über 8 freie Zwischenräume nacheinander in die Form gelegt.*

*Anschließend 24 Seitenhalme (15 cm) über 6 darüber.*

*Dann 12 Kreuzhalme (breite, evtl. ganze, plattgedrückte 22 cm lange) darauflegen.*

*Klemmring eindrücken und wickeln, zurecht ziehen, herausnehmen und beschneiden.*
*Wickeln mit einer Sticknadel könnte sich hier schon empfehlen.*

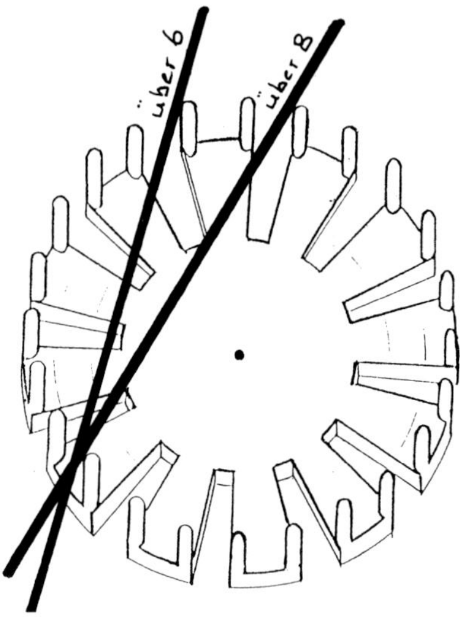


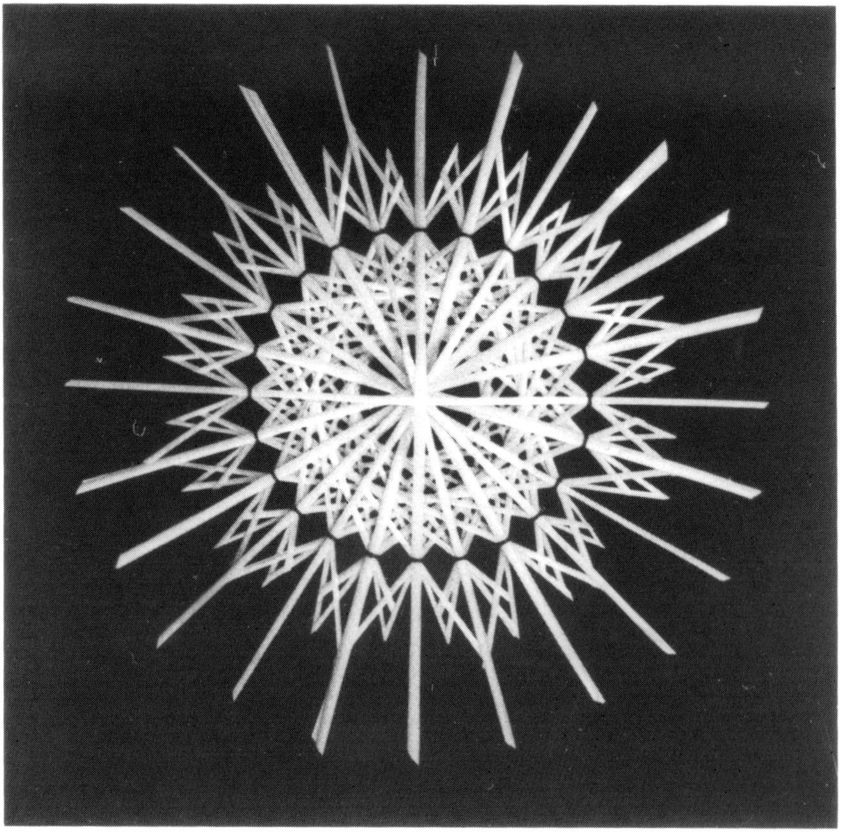

Foto 2: Doppelt gelegter 24 er Stern

2.1.3. Mehrfach gewickelte 24 er Sterne

*Beim folgenden Stern werden ebenfalls 2 mal 24 Seitenhalme eingelegt. Allerdings nicht sofort übereinander, sondern es wird zunächst ein einfacher 24 er Stern über 7 hergestellt, aus der Form genommen und beschnitten (Seitenhalme 15 cm, Kreuzhalme 22 cm ganze Halme).*

*Dann werden weitere 24 Seitenhalme (22 cm lang) über 3 in die Form eingelegt.*

*Anschließend wird der fertige einfache Stern daraufgelegt (vorsichtig wieder in die Legeform hinein drücken). Der Klemmring erübrigt sich meist, da der fertige Stern die Halme festhält. Es ist nicht schlimm, wenn der Wickelfaden des wieder in die Form gedrückten Sterns an einigen Staken nun innen verläuft.*

*Die 2. Wickelung erfolgt nun weiter außen, wie Sie dem Foto entnehmen können.*

*Dieses zweimalige Wickeln ist übrigens viel einfacher als wenn Sie diesen Stern als doppelt gelegten Stern herstellen würden.*

Foto 3: Doppelt gewickelter 24 er Stern

## 2.2. Sterne im 12 er System

*Da Sie vermutlich schon mit den kleinen Kronenformen und dem Anleitungsheft "Strohsterne wie Schneekristalle" gearbeitet haben, möchten Sie sicherlich auch die dort beschriebenen Strohsterne nun in der neuen Legeform herstellen.*
*Diese Sterne sind im 12 er System gelegt, und wenn Sie in der 24 er Form 12 er Sterne machen wollen, dürfen Sie nur jeden zweiten Zwischenraum belegen.*
*Da diese Sterne nun viel größer werden, sollten Sie für einfachere Varianten nur sehr breite Halmteile oder ganze, plattgedrückte Halme verwenden, damit die Sterne voller wirken. Wir möchten sie "Rustikalsterne" nennen.*
*Im übrigen kann jeder Stern, der in der Kronenform entstand entsprechend größer in der Universalform hergestellt werden.*

### 2.2.1. Einfacher Rustikalstern

*Für unser erstes Beispiel verwenden Sie dünne, ganze Halme, die Sie von der Mitte her plattdrücken. Man benötigt 12 Seitenhalme und 6 Kreuzhalme der Länge 22 cm.*

*Legen Sie 12 Seitenhalme nach nebenstehendem Schema in die Legeform ein: Sie zählen entweder über 7 freie Zwischenräume oder über 3 freie Zungen.*
*Wie Sie sehen kann man im 12 er System die 12 Einbuchtungen bzw. Zungen gut als Orientierung brauchen.*
*Legen Sie von einer Zunge zur anderen, nicht in die Einbuchtungen.*

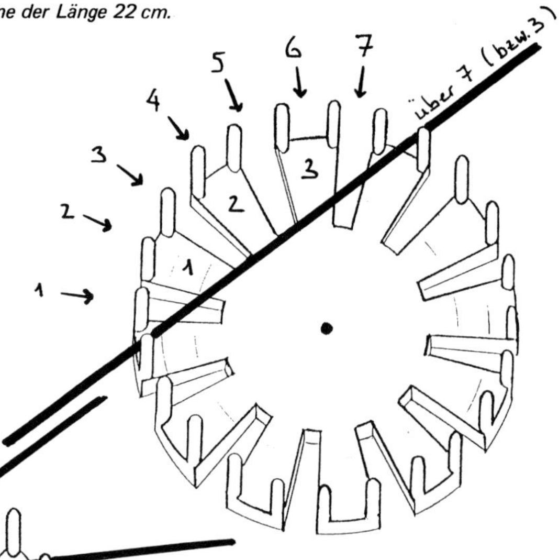


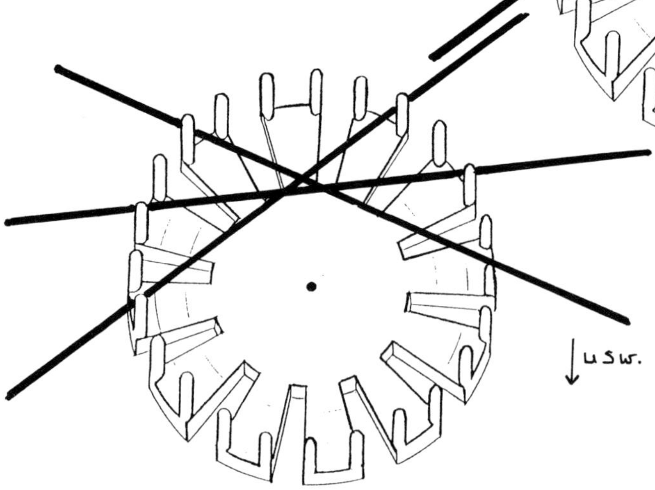


*Entsprechend legen Sie reihum einen Halm nach dem anderen ein bis in jedem Zwischenraum über den Zungen zwei Halme liegen.*

*Die restlichen 6 Halme werden nun als Kreuzhalme über das Mittelloch auf die Zungen gelegt.*

*Drücken Sie den Klemmring ein und wickeln Sie wie gewohnt, wobei Sie den Stern immer mittig zwischen den Staken ausrichten. Nehmen Sie den Stern aus der Form und beschneiden ihn nach Wunsch, z.B. wie im Foto zu sehen.*

*Solche 12 er Sterne sind sehr einfach zu wickeln, wenn wir sie mit den 24 ern vergleichen. Allerdings fällt das Einlegen am Anfang schwer. Wenn Sie große Probleme hierbei haben, verwenden Sie bitte die auf Seite 31 abgedruckte Schablone (12 er System), die Sie ausschneiden und in die Legeform einlegen.*

Foto 4: Einfacher Rustikalstern

2.2.2. Mehrfach gelegte Rustikalsterne

*Selbstverständlich kann man nun auch, wie im ersten Anleittungsheft ausführlich beschrieben, doppelt dreifach und vierfach gelegte Sterne in beliebigen Varianten erstellen. Da Sie wahrscheinlich solche Sterne schon beherrschen, soll die Vorgehensweise nur kurz und schematisch dargestellt werden. Ganz darauf verzichten möchten wir nicht, denn man benötigt schon einige Zeit, um sich an die neue Legeform zu gewöhnen.*

*Doppelt gelegter Rustikalstern*

*Legen Sie zunächst 12 Halme reihum über 4 freie Zungen (über 9 Zwischenräume).*

*Dananch wieder 12 Halme über 3 freie Zungen (7 Zwischenräume).*

*6 Kreuzhalme einlegen, Klemmring eindrücken und wickeln wie gewohnt.*

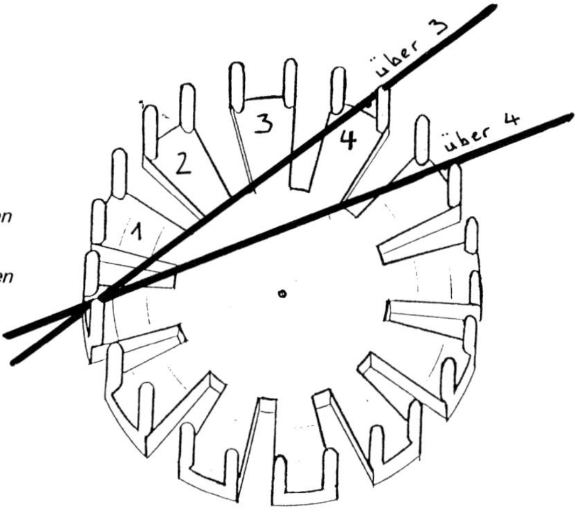


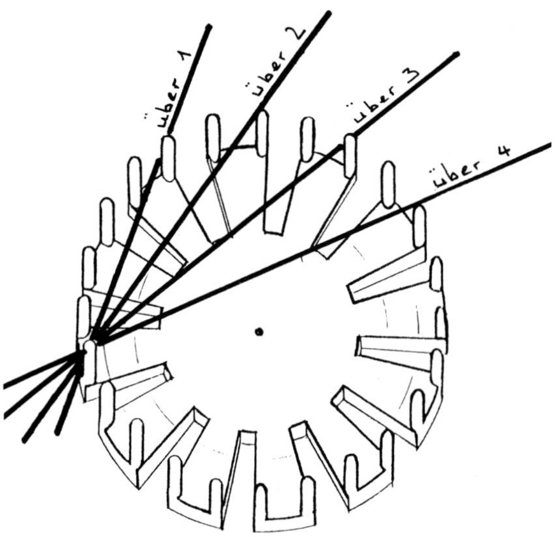


*Vierfach gelegter Stern*

*Hierbei brauchen Sie 4 mal 12 = 48 Seitenhalme.*
*Sie legen die ersten 12 über 4, die nächsten 12 über 3, dann über 2 und über 1 freie Zunge(n). Kreuzhalme einlegen, festklemmen, wickeln und Schieden.*

*Durch vorsichtiges Herausziehen einzelner Halme und entsprechendes Beschneiden können Sie weiter gestalten.*

*Je mehr Halme Sie einlegen, um so eher sollten Sie wieder schmale, gespaltete Halme verwenden.*

*Auch empfiehlt sich das Wickeln mit einer Sticknadel.*

*Hier nun eine Variante eines doppelt gelegten, einfach gewickelten Sterns.*

*Zuerst wird über 3 freie Zungen (12 cm), dann über 1 freie Zunge (9 cm) gelegt. Wenn Sie die Halme länger wählen, wird das Wickeln natürlich schwieriger. Dann könnten Sie aber auch einen zweifach gewickelten Stern daraus machen: Zuerst einen Stern über 3 freie Zungen mit Kreuzhalmen machen, dann 12 Seitenhalme über 1 einlegen, den fertigen Stern darauflegen und weiter außen wickeln.*

*Wie das genau geht, erfahren Sie im nächsten Kapitel.*

Foto 5: Doppelt gelegter Rustikalstern

### 2.2.3. Mehrfach gewickelte 12 er Sterne

*Aufgrund ihrer Größe und der 24 Staken kann man in der Universalform auch mehrfach gewickelte 12 er Sterne basteln, ohne auf die kleineren Kronenformen angewiesen zu sein. Die mehrfach gewickelten Sterne, die durch die Erweiterung kleiner Sterne entstehen, finden Sie in Kapitel 3.*

*Da mehrfach gewickelte Sterne schwieriger zu legen sind , wird nun ein einfaches Grundmuster ausführlich beschrieben. Die vielfältigen weiteren Möglichkeiten finden Sie dann selbst heraus.*

#### Doppelt gewickelter Stern

*1. Schritt: Fertigen Sie zunächst einen einfachen Stern aus 12 ganzen, plattgedrückten Halmen (12 cm) die Sie über 3 freie Zungen einlegen. 6 Kreuzhalme (18 cm) darüber, festklemmen und wickeln wie gewohnt.*

*Nun wird es schwieriger !*

*Lassen Sie den Stern zunächst noch in der Form und schauen sich die nebenstehende Zeichnung und den fertigen Stern auf der nächsten Seite an.*

*Wie Sie sehen, müssen 12 weitere Seitenhalme parallel zu den ersten Seitenhalme von hinten bzw. von unten an die Kreuzhalme des ersten Sterns gewickelt werden.*
*In der Zeichnung haben wir versucht dies zu verdeutlichen, indem alles Unwesentliche weggelassen wurde.*
*Die Teile des ersten Sterns sind dunkel, die neu einzulegenden Teile des doppelt gewickelten Sterns sind hell.*

*Man erkennt auch deutlich die Kreuzung, an der die zweite Wicklung erfolgt.*

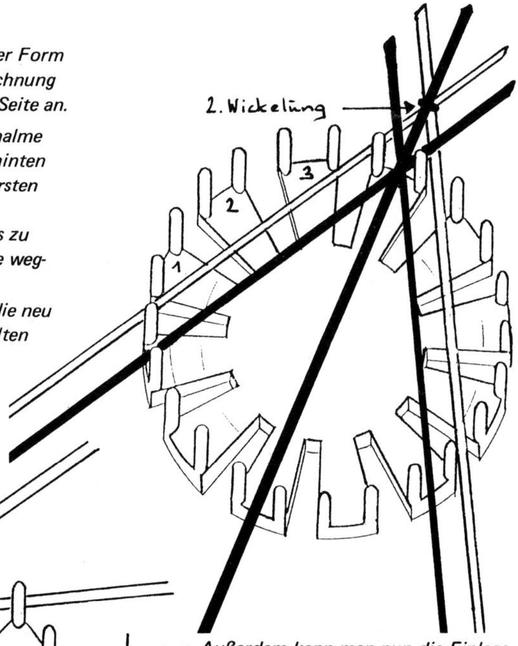


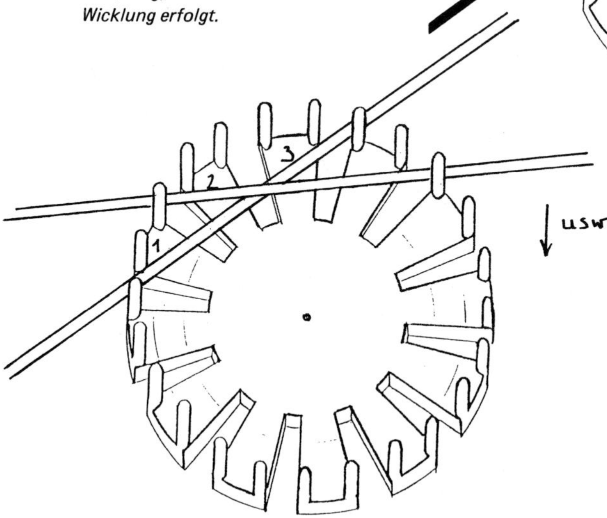


*Außerdem kann man nun die Einlegeart für die nächsten 12 Seitenhalme erkennen und abzählen: Man fängt in einer Einbuchtung an und legt über 5 freie Zwischenräume wieder in eine Einbuchtung.*

*Nehmen Sie nun den fertigen Stern aus der Form und legen die nächsten 12 Seitenhalme (14 cm) nach dem ermittelten Einlegemodus in die Form.*

*Für die beiden ersten Halme ist dies nebenstehend angedeutet.*

*Wenn alle 12 Seitenhalme liegen, drücken Sie vorsichtig den fertigen Stern wieder in die Legeform.*
*Achtung: Die Kreuzhalme müssen auf den Zungen liegen.*
*Machen Sie sich klar, wo die neue Wickelung zu erfolgen hat. Die vorangegangene Zeichnung und das Photo des fertigen Sternes helfen Ihnen dabei.*

*Wenn Sie die Technik des Einlegens erfasst haben, können Sie solche Sterne recht schnell anfertigen, denn sie sind nicht schwierig zu wickeln.*

Foto 6: Doppelt gewickelter Rustikalstern

## 2.3. Sterne im 8 er System

*Bei 8 er Sternen wird nur jeder dritte Zwischenraum belegt, da unsere Legeform ja 24 Zwischenräume besitzt.*
*Diese 8 er Sterne sind recht einfach herzustellen, da das Wickeln sehr einfach ist. Allerdings bekommt man beim Einlegen Schwierigkeiten, weil die Legeform in erster Linie für 12 er und 24 er Sterne gedacht ist. Um das Einlegen zu erleichtern, finden Sie auf Seite 31 eine Schablone, die Sie ausschneiden und in die Form einlegen. Die angedeuteten Kreuzhalme sollen in den Zwischenräumen liegen.*

*Als Legemöglichkeit erkennt man über 8 und über 5 Zwischenräume, d.h. man kann ein- und zweifach gelegte Sterne herstellen.*
*Auch sind mehrfach gewickelte Sterne möglich und man kann gut mit Langstroh und ganzen Halmen arbeiten. Zur Orientierung bei mehrfach gewickelten Sternen dienen die gestrichelten Linien der Schablone.*

### 2.3.1. Doppelt gelegter 8 er Stern (Rustikalstern)

*Legen Sie die Schablone richtig in die Legeform.*

*8 ganze, plattgedrückte Halme werden nun über 8 freie Zwischenräume eingelegt (auf die dünnere Linie); Länge 22 cm.*

*8 weitere Seitenhalme werden über 5 daraufgelegt (auf die dicke Linie der Schablone). Nebenstehende Zeichnung zeigt die Einlegeart.*

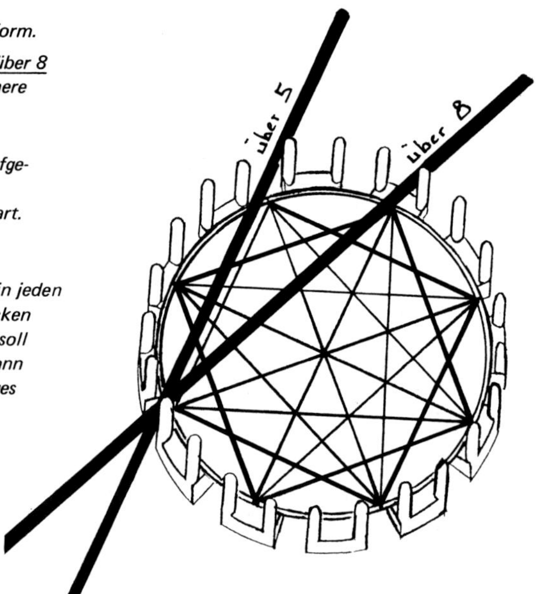


*Nach den Seitenhalmen nun 4 Kreuzhalme in jeden 3. Zwischenraum legen, Klemmring eindrücken und das Wickeln kann beginnen. Der Faden soll außen an der Legeform entlang laufen; er kann nach dem Herausnehmen durch gleichmäßiges nach außen Schieben gestrafft werden.*

*Solche Sterne können auch von Kindern nach Anleitung angefertigt werden, da das Wickeln sehr einfach ist.*
*Wie der Stern fertig aussieht, sehen Sie auf der nächsten Seite.*

Foto 7: Doppelt gelegter 8 er Rustikalstern

*Wie Sie sehen sind auch diese 8 er Sterne recht hübsch. Doch gibt es natürlich nicht so viele Variationsmöglichkeiten.*

*In der Schablone sehen Sie parallel zu den durchgezogenen Linien weiter außen noch gestrichelte Linien. Diese sollen Ihnen beim Einlegen von mehrfach gewickelten 8 er Sternen dienen. Die Beschreibung hierzu finden Sie im nächsten Kapitel.*

2.3.2. Doppelt gelegter und doppelt gewickelter 8 er Stern

*Fertigen Sie zunächst den doppelt gelegten Stern aus dem vorangegangenen Kapitel und legen dann weitere 8 Seitenhalme (22cm) nach nebenstehendem Schema ein: Auf die gestrichelte Linie der Schablone. Nun wird der fertige 8 er Stern daraufgelegt und an der entsprechenden Kreuzung gewickelt. Binden Sie auch die äußeren Spitzen mit Einzelknoten zusammen.*

*Die eingelegten Halme liegen parallel zu den Seitenhalmen über 5.*
*Natürlich können Sie auch zu den Halmen über 8 weitere Halme parallel anwickeln (siehe Schablone).*

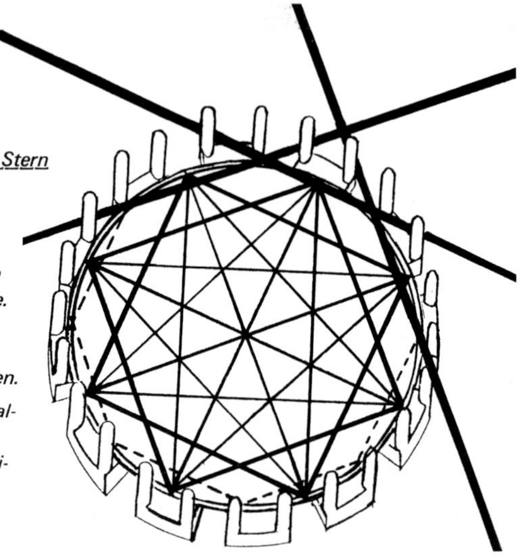

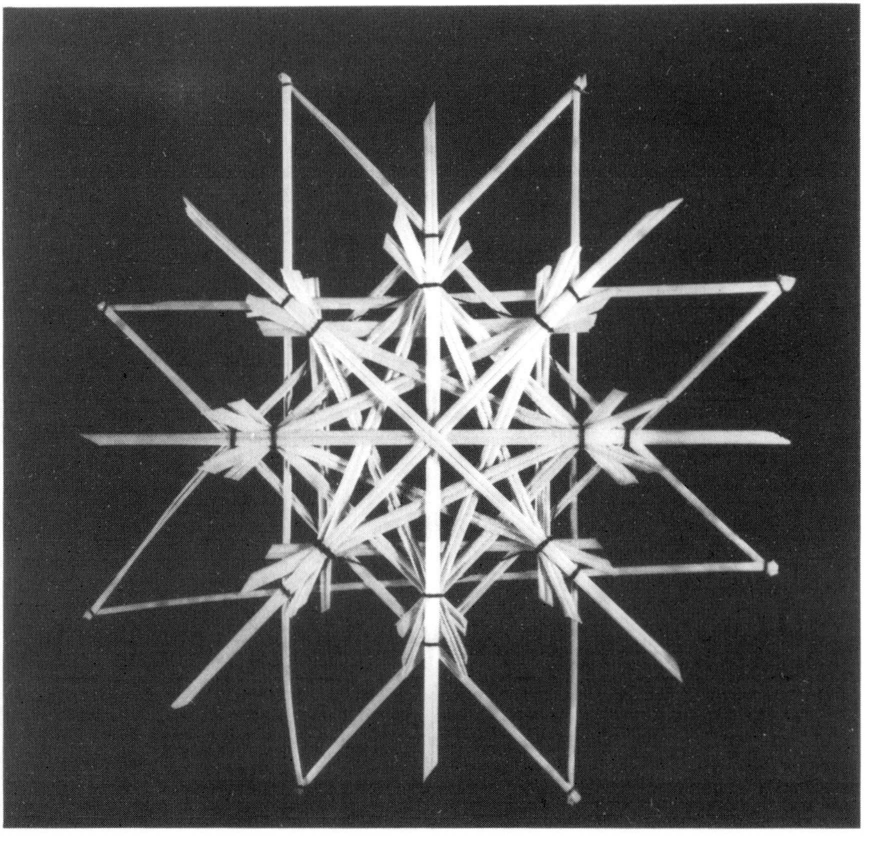

Foto 8: Doppelt gelegter und doppelt gewickleter 8 er Stern

## *3. Die Universal-Legeform als Aufbauform für Sterne aus den Kronenformen*

### *3.1. 24 er Sterne aus zwei 12 er Sternen*

*Schon im ersten Anleitungsheft haben wir sogenannte "Doppelsterne" beschrieben. Hier werden zwei Sterne aus den Kronenformen aufeinandergewickelt. Früher mußte man die beiden Sterne in der Hand halten; nun kann man sie in die neue Form einlegen und einfacher wickeln.*
*Allerdings hat man nun die Möglichkeit, die Doppelsterne noch erheblich zu erweitern.*

*Einfacher Doppelstern (Fertigungsschritte)*

1. *Erstellen Sie in den kleinen Kronenformen je einen einfachen Stern über 3 freie Zwischenräume Seitenhalme großer Stern 14 cm, kleiner Stern 9 cm, Kreuzhalme breit, beliebig lang.*
2. *Legen Sie beide Sterne in die Universalform, so daß in jedem Zwischenraum ein Kreuzhalm liegt und wickeln Sie außen an jedem zweiten Kreuzhalm.*

*Sie können auch zwei gleich große Sterne verwenden, oder auch die Sterne mit der Rückseite zusammenwickeln.*

Foto 9: Einfacher Doppelstern (24 er aus zwei kleinen Sternen)

*Doppelstern mit 24 weiteren Seitenhalmen*

*Wie bereits gesagt kann man diese Sterne noch erweitern, indem man sie mit einem 24 er Stern "garniert". Unser Beispielstern wird wie folgt hergestellt:*

1. *Zunächst fertigen Sie wieder in den beiden Kronenformen je einen Stern über 3 freie Zwischenräume (oder Sie nehmen den einfachen Doppelstern); Seitenhalme ca. 7 cm, Kreuzhalme breit 22 cm.*
2. *Legen Sie,wie in Kapitel 2.1.1. beschrieben, 24 Seitenhalme (22 cm) über 5 freie Zwischenräume in die Legeform ein.*
3. *Nun erst die beiden fertigen kleine Sterne darauflegen (in jedem Zwischenraum ein Kreuzhalm), so daß in jedem Zwischenraum drei Halme zu sehen sind.*
4. *Festklemmen, wickeln und beschneiden (z.B. wie im Foto unten zu sehen).*

*Auch hier ist vor dem Herausnehmen und Schneiden der Stern in der Legeform auszurichten.*

*Erscheint Ihnen der Stern noch nicht attraktiv genug, können Sie noch weitere 24 Seitenhalme einlegen und anwickeln (z.B. über 7). Ihrer Phantasie sind keine Grenzen gesetzt.*

Foto 10: Dreifach gewickelter Doppelstern

### *3.2. 24 er Sterne aus einem kleinen 12 er Stern*

*Relativ einfach sind Sterne der folgenden Art herzustellen: Zunächst wird ein kleiner 12 er Stern in einer Kronenform angefertigt, dann werden 24 Seitenhalme beliebig in die Universalform eingelegt. Statt eines weiteren kleinen Sterns werden nun 6 Kreuzhalme daraufgelegt und dann der fertige, kleine Stern daraufgewickelt.*

*Unser Beispielstern ist wie folgt gemacht:*

1. *Fertigen Sie einen Stern in der großen Kronenform, zweifach gelegt über 2 und 3 (2 mal 12 Seitenhalme zu 6,5 cm), lange Kreuzhalme (22 cm).*
2. *Legen Sie 24 Seitenhalme (17 cm) über 8 freie Zwischenräume in die Universalform.*
3. *Legen Sie 6 kürzere Kreuzhalme (15 cm) auf die Zungen der Legeform.*
4. *Nun wird der kleine,zweifach gelegte Stern darübergelegt. Achtung: Kreuzhalme über die Einbuchtungen.*
5. *Festklemmen und wickeln; beschneiden wie gewünscht.*

Foto 11: 24 er Stern aus einem kleinen Stern

*Variante, vierfach gewickelt*

*Ein wirkliches Prachtstück ist der folgende Stern, der allerdings auch sehr zeitaufwendig ist, da man insgesamt viermal wickeln muß.*

*1. Zunächst erstellt man in der größeren Kronenform einen zweifach gelegten Stern (über 3 und 4).*

*2. In die Universalform werden dann 24 Seitenhalme über 5 freie Zwischenräume eingelegt und mit 6 Kreuzhalmen in jeden zweiten Zwischenraum (z.B. auf die Zungen) versehen.*
*(Diese Kreuzhalme sind im Photo nicht zu sehen; Sie sollten sie aber aus Gründen der Präzision unbedingt einlegen)*

*3. Nun wird der fertige Stern ebenfalls in die Universalform gelegt (Kreuzhalme in die noch freien Zwischenräume) und festgewickelt.*

*4. Stern herausnehmen, 24 Seitenhalme über 6 einlegen, Stern darauflegen und festwickeln.*

*5. Stern herausnehmen, 24 Seitenhalme über 9 einlegen, Stern darauflegen und fertigstellen.*

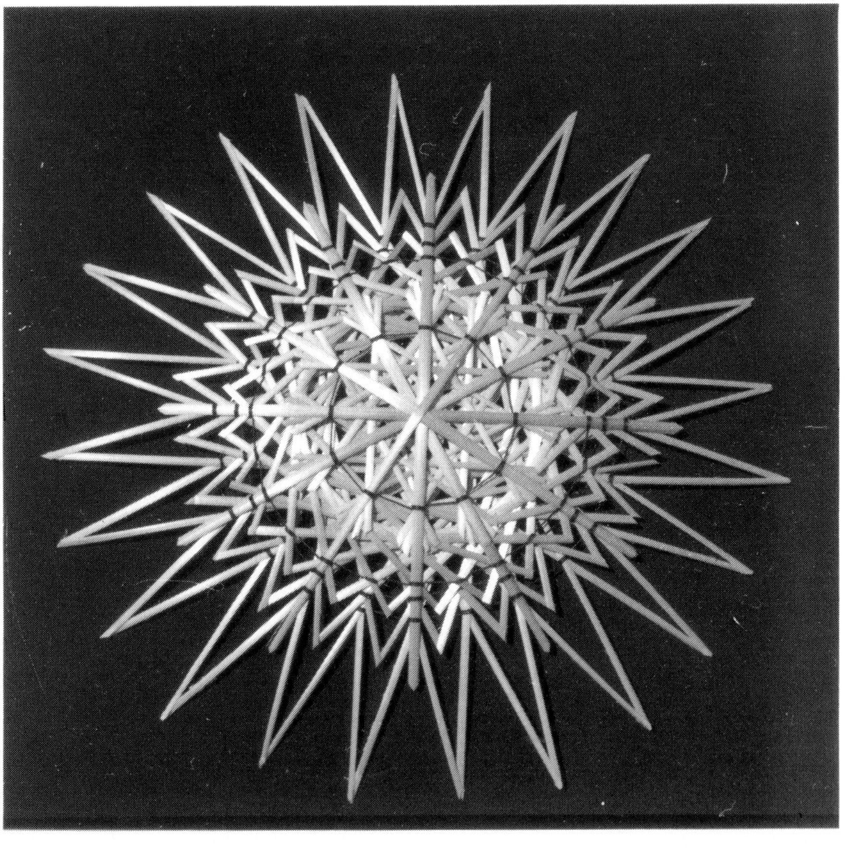

Foto 12: Vierfach gewickelter 24 er aus einem kleinen Stern

## *3.3. Mehrfach gewickelte 12 er Sterne*

*Bereits im ersten Anleitungsheft haben wir im Kapitel 3 die mehrfach gewickelten Sterne erklärt. Allerdings mußte man die Sterne ohne Legeform in der Hand wickeln. Mit der neuen Form ist das nun einfacher, da die Sterne ja in der Legeform liegen können.*
*Bevor Sie sich an diese Sterne wagen, sollten Sie das Kapitel 2.2.3. des vorliegenden Heftes gelesen haben, wo schon die einfacheren, mehrfach gewickelten Sterne nur aus der Universalform erklärt werden.*

*Unser Ziel ist es, an einen kleinen 12 er Stern aus einer der Kronenformen, weitere Halme sehr eng parallel anzuwickeln. Im Extremfall muß man dabei in den Einbuchtungen wickeln.*

### *In der Einbuchtung gewicklete Sterne*

*Erstellen Sie zunächst in der größeren Kronenform einen einfachen Stern über 3 freie Zwischenräume gelegt. Seitenhalme ca. 15 cm; breite Kreuzhalme 22 cm.*

*Legen Sie diesen Stern in die Universalform wobei die Kreuzhalme über den Einbuchtungen liegen.*
*Damit Sie besser erkennen, nach welcher Einlegeart Sie nun weitere Halme einlegen müssen, legen Sie einen Halm parallel zu einem der schon angewickelten Halme, und zählen Sie ab, über wieviele Zwischenräume Sie legen können. In unserem Beispiel über 7.*

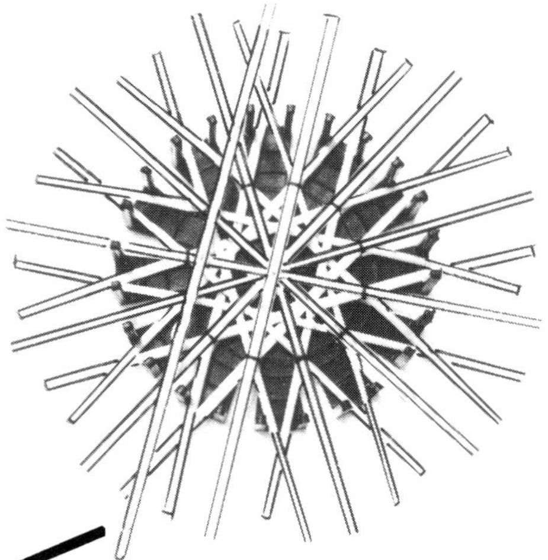

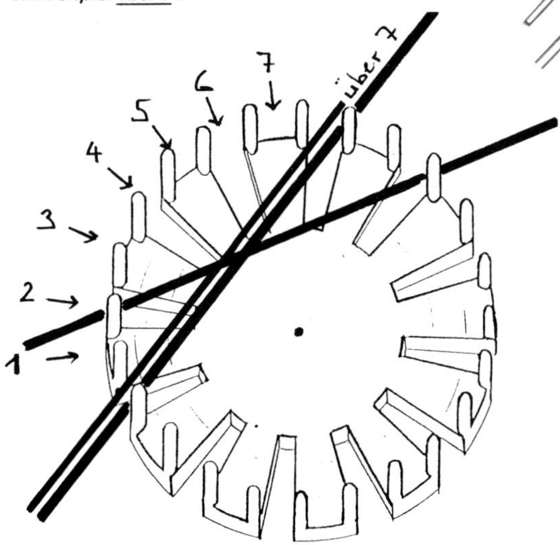


*Nehmen Sie den Stern aus der Form und legen Sie 12 Seitenhalme nach dem zuvor ermittelten Einlegemodus ein. Achtung: Da nur jeder zweite Zwischenraum genutzt wird (12 er Stern), legen Sie jetzt von einer Einbuchtung aus wieder zu einer Einbuchtung.*
*Die Zungen bleiben zunächst frei.*

*Wenn die 12 Seitenhalme eingelegt sind, wird der schon gewickelte Stern darübergelegt, um die neuen Seitenhalme festwickeln zu können.*
*Sie werden feststellen, daß der Kreuzungspunkt der Halme innerhalb der Legeform liegt. Sie brauchen deshalb die Einbuchtungen um wickeln zu können, und der Klemmring kann noch nicht eingedrückt werden.*
*Das Wickeln ist somit recht schwierig und man sollte schon etwas Erfahrung haben. Die Staken müssen zum Wickeln mitbenutzt werden und Wickelkünstler werden ihre Freude daran haben.*
*In der Legeform befinden sich konzentrische Kreise, an denen Sie sich orientieren können, damit der Stern schön rund wird.*

*Nehmen Sie den Stern wieder aus der Form. Er müsste nun so aussehen !*

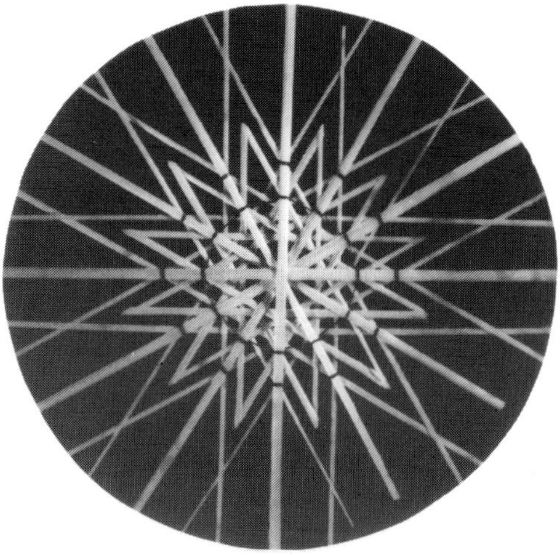

*Da die Zwischenräume breit genug sind, kann man die nächste Reihe Seitenhalme wiederum über 7 legen (siehe vorhergehende Seite) und den Wickelvorgang wiederholen. Die Kreuzung liegt nun gerade außerhalb der Legeform.*

*Wir haben nun bereits einen dreifach gewickelten Stern, der schon entsprechend beschnitten werden kann.*

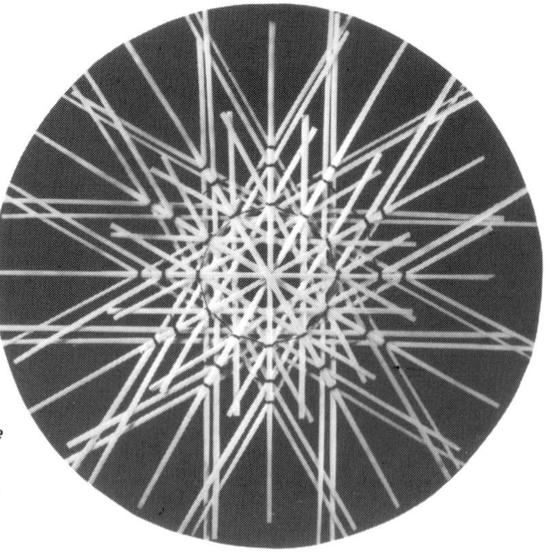

*Aber man kann auch noch bis zu drei weitere Reihen Seitenhalme einlegen: Zwei mal über 5 und dann noch einmal über 3 freie Zwischenräume.*
*D.h. aus einem Stern aus der großen Kronenform kann man theoretisch 6-fach, aus einem Stern aus der kleinen 7-fach gewickelte Sterne herstellen.*

*Ob sich der Aufwand lohnt, müssen Sie selbst entscheiden.*

*Wenn Sie nämlich darauf verzichten, die Halme ganz eng parallel anzulegen, können Sie außerhalb der Form wickeln — und das ist einfacher.*

*Wenn Sie den dreifach gewickelten Stern stark beschneiden, kann er so aussehen.*

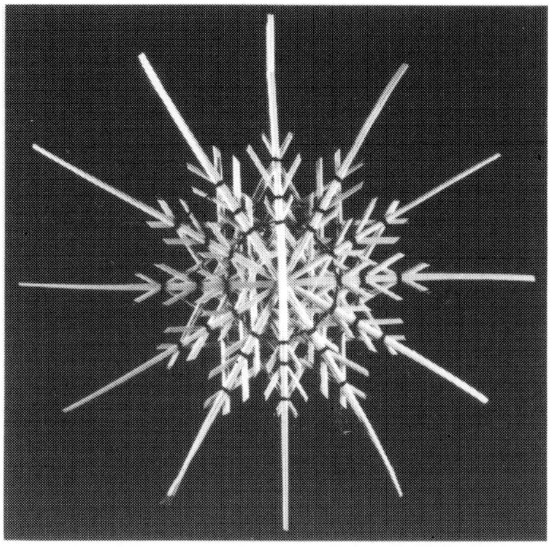

*Wenn Sie allerdings noch 2 mal 12 Seitenhalme über 5 freie Zwischenräume einlegen und festwickeln (nacheinander natürlich), erhalten Sie diesen fünffach gewickelten Stern. Lediglich der Ausgangsstern ist hier ein doppelt gelegter über 2 und über 3.*

Foto 13: Fünffach gewickelter 12 er Stern ( innen gewickelt)

*Nebenstehende Zeichnung verdeutlicht noch einmal alle Möglichkeiten, wie oft man zusätzliche Halme parallel anwickeln kann. Über 9 ist nur möglich bei Sternen aus der kleinen Kronenform.*

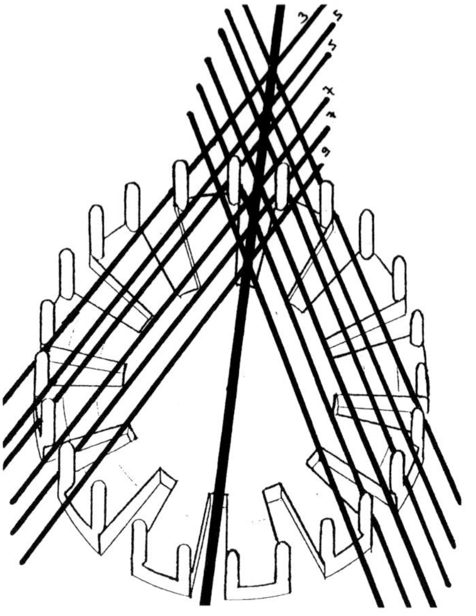

*Unten sehen Sie nun einen Stern, der in der kleinen Kronenform zunächst über 3 gelegt wird. In der Universalform dann über 9, zweimal über 7 und einmal über 5 je 12 Halme anwickeln.*

Foto 14: Fünffach gewickelter 12 er Stern Variante (innen gewickelt)

*Außen gewickelte Sterne*

*Innerhalb der Universalform zu wickeln ist relativ schwierig. Aber wenn man die Halme sehr eng parallel legen möchte, muß man dies lernen.*
*Nun kann man natürlich auch 12 er Sterne aus den Kronenformen so erweitern, daß man nur außerhalb der Legeform wickeln muß, was wesentlich einfacher ist.*
*Hierzu vergleichen Sie bitte die folgenden Varianten, die nur eine Kurzbeschreibung erhalten, da ja die ausführliche Beschreibung im vorhergehenden Kapitel und in Kapitel 2.2.3. zu finden ist.*

*Dreifach gewickelter 12 er Stern*

1. *Stellen Sie einen zweifach gelegten Stern in der großen Kronenform her (über 2 und über 3); Seitenhalme 9 cm; Kreuzhalme 15 cm.*
2. *Nun legen Sie zweifach in die Universalform ein: Jeweils 12 Seitenhalme (19 cm) über 5 und über 7 freie Zwischenräume legen.*
3. *Fertigen Stern darauflegen, festklemmen und wickeln; dann herausnehmen.*
4. *Nun legen Sie weitere 12 Halme (11 cm) über 3 freie Zwischenräume von Einbuchtung zu Einbuchtung.*
5. *Fertigen Stern daraufwickeln und fertig beschneiden.*

Foto 15: Dreifach gewickelter 12 er Stern (aussen gewickelt)

*Vierfach gewickelter 12 er Stern*

1. *Stellen Sie einen zweifach gelegten Stern in der großen Kronenform her (über 3 und über 4); Seitenhalme 7,5 cm; Kreuzhalme 17 cm.*
2. *Legen Sie 12 Seitenhalme (22 cm) über 7 freie Zwischenräume von Zunge zu Zunge in die Universalform.*
3. *Kleinen Stern daraufwickeln und wieder herausnehmen.*
4. *Nun legen Sie 12 Seitenhalme (16 cm) über 5 von Einbuchtung zu Einbuchtung.*
5. *Fertigen Stern daraufwickeln und herausnehmen.*
6. *Nochmals wie unter 4. beschrieben 12 Halme einlegen, Stern daraufwickeln und beschneiden.*

Foto 16: Vierfach gewickelter 12 er Stern (aussen gewickelt)

*Alternative zum Einlegen und Wickeln*

*Anstatt den Stern immer wieder aus der Form zu nehmen, neue Halme einzulegen, dann den Stern wieder daraufzulegen und zu wickeln, kann man auch gleich den ersten kleinen Stern mit der Rückseite nach oben ("auf's Gesicht") in die Form legen. Die Seitenhalme, die zusätzlich angewickelt werden sollen, müssen dann auch entsprechend eingelegt werden (glänzende Seite nach unten). Zum Wickeln wird der Klemmring eingedrückt und die Form umgedreht; dann kann man wickeln wie gewohnt.*

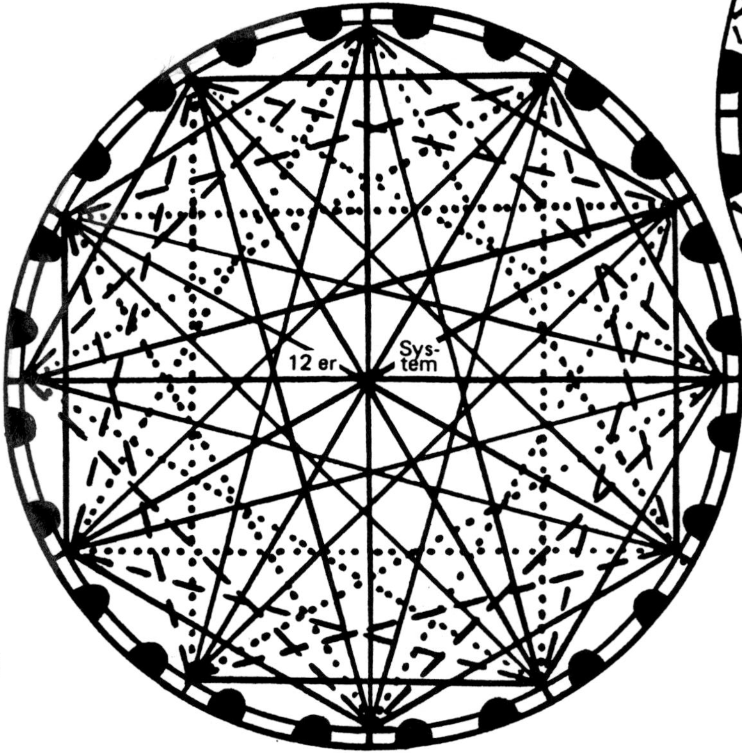


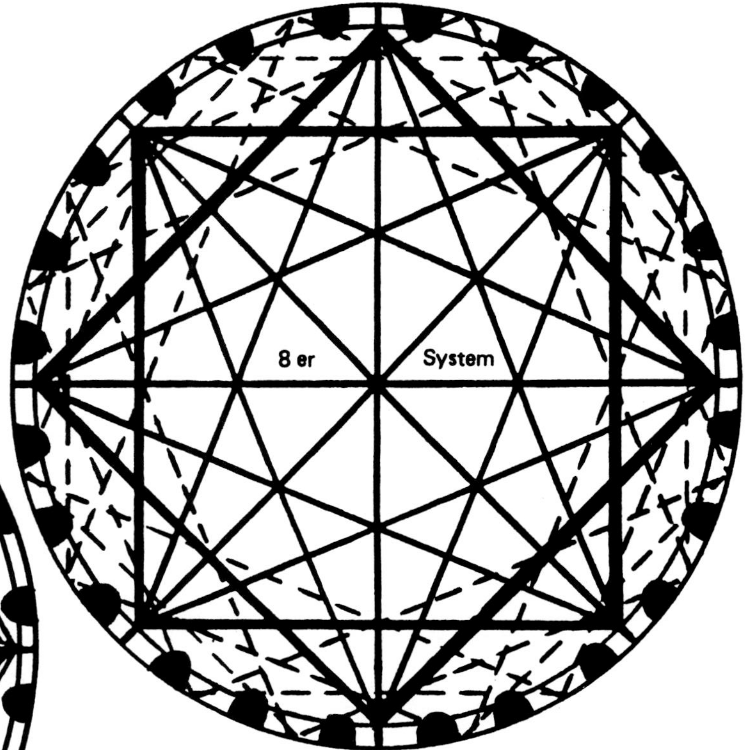


DIESE SCHABLONEN KÖNNEN AUSGESCHNITTEN UND IN DIE UNIVERSAL–LEGEFORM EINGELEGT WERDEN. SIE ERLEICHTERN DIE ORIENTIERUNG BEIM EINLEGEN DES STROHS.